AF602301

Atelier TEN CATE

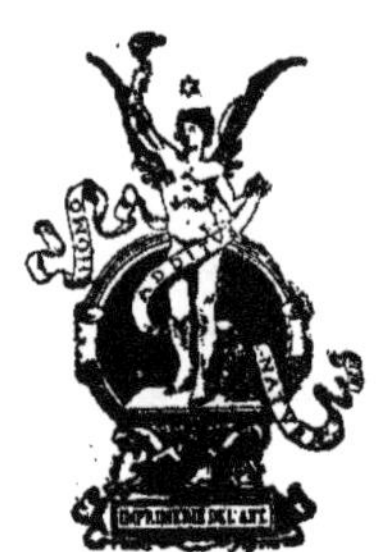
IMPRIMERIE DE L'ART

CATALOGUE

DES

TABLEAUX

Pastels, Aquarelles, Gouaches

DESSINS

PAR

TEN CATE

ŒUVRES DE DIVERS ARTISTES

Meubles d'Atelier

CURIOSITÉS — LIVRES

DONT LA VENTE AURA LIEU

HOTEL DROUOT, SALLE N° 11

LES VENDREDI 20 ET SAMEDI 21 DÉCEMBRE 1912

à deux heures

Me ANDRÉ DESVOUGES

Successeur de M. Maurice DELESTRE

COMMISSAIRE-PRISEUR

26, rue de la Grange-Batelière

M. LUCIEN MOLINE

EXPERT

18, rue Laffitte

PARIS

EXPOSITION PUBLIQUE

Le Jeudi 19 Décembre 1912, de 2 heures à 6 heures

CONDITIONS DE LA VENTE

Elle sera faite au comptant.

Les adjudicataires paieront *dix pour cent* en sus des enchères.

L'exposition mettant le public à même de se rendre compte de l'état et de la nature des objets, aucune réclamation ne sera admise une fois l'adjudication prononcée.

Paris. — Imp de l'Art, Ch. Berger, 41, rue de la Victoire.

TEN CATE

La tranquille maison hollandaise au toit rouge, assise au milieu des prés, devant le canal où glissent les voiles, où se mirent les ailes des moulins à vent, est une maison qui regarde et qui songe ; c'est la vraie école d'où sont sortis les Van der Meer, les Paul Potter, les Van de Velde, les Jongking.

Siebe Ten Cate est l'enfant de cette maison et de cette race.

Il est né, en 1858, à Sneek, petite ville de Frise, dont son père était bourgmestre. Il fut l'élève de l'école des Beaux-Arts d'Amsterdam, de celle d'Anvers, l'élève surtout des plaines, des routes, des plages, de la rue. En 1884, il se fixa à Paris.

Aux environs du faubourg du Temple, où était son atelier, on voyait parfois passer lentement, au milieu de la foule tourbillonnante, ce bon visage rose, barré d'une moustache inutilement militaire, ces yeux bleus de Hollande, qui rêvaient et ne voulaient pas être dérangés de leur rêve.

Timidité, gaucherie d'allure, somnolence mélancolique ne sont chez Ten Cate qu'une enveloppe. C'est la vieille armoire du Nord, lourde, massive, souvent fermée; quand la porte s'entr'ouvre, on aperçoit des trésors : trésors de finesse, de sentiment délicat, d'observation inlassable; un esprit vif, une âme ardente. Ce rêveur est un travailleur, ce doux est un passionné, et son travail, comme sa passion, n'a qu'un objet : l'art.

Il vit seul avec son violon, ses crayons, ses pastels, ses pinceaux et ses chats, Frise-Poulet, Friquet, Noirot et Minou. Il a horreur du monde, de la réclame. Ses diplômes de médailles, il les déchire : « Qu'est-ce que je ferais de ça? dit-il. C'est bon pour des marchands de fromages ! »

Enfermé dans son art, il a peu d'amis, mais il les aime bien. Quand, à Auvers-sur-Oise, Van Gogh s'alite pour ne plus se relever, Ten Cate se fait son garde-malade, le veille, reste à son chevet jusqu'au dernier moment.

Il travaille toujours; il marche le crayon à la main, et note tout au passage. Souvent il part tout à coup : l'idée lui est venue d'une place de village, d'une église au bord d'une rivière, d'un tournant de chemin. Le voilà en route. Son violon est du voyage. C'est lui qui, le soir, dans une chambre d'auberge, redira, en une autre langue, les sensations éprouvées le long du jour.

Il les a bien aimés, bien regardés, bien imprimés, ces horizons de Frise et de Brabant qui ont frappé ses yeux d'enfant ; il les a emmenés partout avec lui et quelque chose d'eux, — une mélancolie qui n'est presque jamais triste, — se cache au fond de tout ce qu'il a fait.

Il a des toiles d'un demi-jour délicieux, comme la *Tamise à Londres* ou les *Fortifications la nuit;* d'autres, comme l'*Escaut à Anvers,* d'une tonalité chaude et douce.

Mais, à cet esprit de primesaut, toujours hanté par les mille trouvailles d'une observation incessante, le pastel offrait un langage plus rapide et plus approprié, Ten Cate en a fait son langage. Il y a mis tout ce qui chantait en lui : poésie, vérité, simplicité, nuances infinies. Sur l'ossature d'un dessin vigoureux et sobre, il a posé la chair nacrée du pastel : une chair souple, ferme, vivante.

C'est ainsi qu'il fait revivre ses coins des Pays-Bas. C'est *Terneuzen*, l'eau verte et violette du canal, avec un vol de mouettes; c'est *Overschie*. *Veere*, *Zieriksee*, les prés, les voiles, les moulins de Hollande, faisant tourner sur l'herbe et sur l'eau l'ombre de leurs ailes.

C'est *Malines*, au coucher de soleil, ou blanche de neige; *Bouvignes*, *Maëstricht* et sa tour massive au fond de la prairie; ce sont ses lumineuses marines, ses études de ciels et de nuages; *Anvers*, ses mâts et son château; *Londres* et les visions profondes et mystérieuses de sa *Tamise; Rotterdam* dressant, dans la brume et la fumée, des architectures de fer, grises et colossales; eaux noires des grands ports, eaux dorées par les soleils couchants, eaux vertes et violettes des petits canaux, clapotis et reflets!

Les pierres et les maisons parlent à leur tour : coins de banlieue solitaire, rues de village ou de faubourg; la silhouette de *Notre-Dame*, la *Rue du Temple*, la *Route de Châtillon*, *Mazas*, *Sainte-Pallaye*, *Pont-sur-Yonne*, *Auvers-sur-Oise*; la *Grand'place de Troyes*, le grand vaisseau violet de l'*Eglise d'Auxerre*.

Il s'enfonce et s'enferme rarement dans les bois. Avec l'eau, les murs gris, c'est la plaine plutôt — son horizon natal — qui l'attire. Un petit coin de plaine lui suffit; des champs, des prés où les lignes s'allongent et s'éloignent.

Mais, au détour de la route, au fond des lointains bleuissants, il faut à Ten Cate un clocher. Tour massive de Maëstricht, petite pointe d'une église de village, le clocher est la vie du paysage : c'est la fleur qui monte de la plate-bande de Ten Cate.

Ten Cate a su, à un degré que peu d'autres ont atteint, regarder et analyser, trouver de puissants effets dans la poésie et l'exactitude des détails. Il a dignement continué les Van de Velde et les Jongkind, et il est de ces peintres qui n'ont pas besoin de grandes toiles pour faire penser longuement.

Il a dit de délicieuses choses, à sa façon qui n'était celle d'aucun autre. Il parlait aussi bien le français que le hollandais : son crayon, ses pastels aussi. Cette mélancolie, qui s'est éclaircie et comme égayée au soleil de France, cette netteté qui s'est dissimulée sans s'amoindrir, cette simplicité des sujets, de la composition, de tous les moyens d'exécution, et, en même temps, cette science merveilleuse des nuances, pratiquée sans effort : tout cela, c'est sa langue à lui et à lui seul.

L'art, qu'il a servi sans aucun souci d'intérêt personnel, le lui revaudra, et déjà il le lui revaut.

Occupé à travailler et non à vendre, Ten Cate n'a pas couru après la réclame. Mais son œuvre reste et grandit et voici que, sans bruit, la gloire arrive.

CHARLES BAUSSAN.

DÉSIGNATION

PEINTURES

1 — *Vue de Norvège.*

Signé et daté : *1881-82.*

Haut., 1 m. 10 cent.; larg., 1 m. 48 cent.

2 — *Vieux Bassin à Portsmouth.*

Signé et daté : *1883.*

Haut., 75 cent.; larg., 1 m. 65 cent.

3 — *Bassin au Havre.*

Signé et daté : *1884.*

Haut., 1 mètre ; larg., 1 m. 60 cent.

4 — *Village en Bretagne.*

Signé et daté : *1887.*

Haut., 1 m. 70 cent.; larg., 2 m. 20 cent.

5 — *Entrée du port de Honfleur.*

Signé et daté : *1885.*

Haut., 1 m. 34 cent.; larg., 1 m. 63 cent.

6 — *La Mosquée à Alger ; Effet de nuit.*

Signé et daté : *1903.*

Haut., 68 cent.; larg., 1 m. 03 cent.

7 — *Sainte Pallaye (Yonne); Neige.*
Signé et daté : *1907.*
Haut., 60 cent. ; larg., 92 cent.

8 — *Pont-sur-Yonne; Coucher de soleil.*
Signé et daté : *1907.*
Haut., 60 cent.; larg., 92 cent.

9 — *La Petite Roquette.*
Signé et daté : *1903.*
Haut., 40 cent.; larg., 80 cent.

10 — *La Rampe Vallé-Alger.*
Signé et daté : *1903.*
Haut., 47 cent.; larg., 74 cent.

11 — *Cimetière à Porchester (Angleterre).*
Signé et daté : *83.*
Haut., 48 cent.; larg., 69 cent.

12 — *Troyes.*
Signé et daté : *1906.*
Haut., 38 cent.; larg., 55 cent.

13 — *Nuit étoilée à Etretat.*
Signé et daté : 1901.
Haut., 37 cent.; larg., 51 cent.

14 — *Alger; La Mosquée.*
Signé et daté : *1903.*
Haut., 38 cent.; larg., 55 cent.

15 — *L'Oise à Auvers.*
Signé et daté : *1902.*
Haut., 37 cent.; larg., 51 cent.

16 — *Canal en Hollande ; Effet de pluie.*
Signé et daté : *1901.*
Haut., 38 cent.; larg., 55 cent.

17 — *Chaumière à Auvers-sur-Oise.*
Signé et daté : *1906.*
Haut., 38 cent.; larg., 55 cent.

18 — *Vue de Tréport.*
Signé et daté : *1884.*
Haut., 48 cent.; larg., 61 cent.

19 — *La Vieille église de Veere (Hollande).*
Signé et daté : *1899.*
Haut., 44 cent.; larg., 84 cent.

20 — *Fécamp ; le Port.*
Signé et daté : *1902.*
Haut., 46 cent.; larg., 74 cent.

21 — *La Vieille Porte de Gand, à Bruges.*
Signé et daté : *99.*
Haut., 46 cent.; larg., 55 cent.

22 — *Falaise à Etretat.*
Signé et datée : *1901.*
Haut., 46 cent.; larg., 55 cent.

23 — *Place Saint-Denis à Troyes.*
Signé et daté : *1905.*
Haut., 38 cent.; larg., 55 cent.

24 — *Etude à Troyes.*
Signé et daté : *1906.*
Haut., 38 cent.; larg., 55 cent.

25 — *Bouvignes (Belgique).*
Signé et daté : *1906.*
Haut., 46 cent. ; larg., 55 cent.

26 — *Rue de Village.*
Signé.
Haut., 38 cent.; larg., 46 cent.

27 — *Auvers-sur-Oise.*
Signé et daté : *1904.*
Haut., 38 cent.; larg., 55 cent.

28 — *Mouy (Oise).*
Signé et daté : *1906.*
Haut., 27 cent.; larg., 35 cent.

29 — *Marine.*
Signé et daté : *1903.*
Haut., 27 cent.; larg., 35 cent..

30 — *Vue de Paris; Effet de pluie.*
Signé et daté : *1891.*
Haut., 62 cent.; larg., 50 cent.

31 — *Auvers-sur-Oise; Effet de soleil.*
Signé et daté : *1906.*
Haut., 38 cent.; larg., 55 cent.

32 — *Londres ; Effet de pluie.*
Signé et daté : *1891.*
Haut., 33 cent.; larg., 41 cent.

33 — *Notre-Dame.*
Signé et daté : *1900.*
Haut., 33 cent.; larg., 41 cent.

34 — *Marine.*
Signé et daté : *1908.*
Haut., 27 cent.; larg., 41 cent.

35 — *Environs de Katwyk (Hollande).*
Signé et daté : *79.*
Haut., 27 cent.; larg., 41 cent.

36 — *Rotterdam.*
Signé.
Haut., 18 cent.; larg., 30 cent.

37 — *Etude.*
Signé.
Haut., 22 cent.; larg., 33 cent.

38 — *Façade hollandaise.*
Signé et daté : *85.*
Haut., 23 cent.; larg., 27 cent.

39 — *Environs de Honfleur.*
Signé et daté : *84.*
Haut., 35 cent.; larg., 65 cent.

40 — *Place de la Préfecture (Troyes).*
Signé et daté : *1905.*
Haut., 68 cent.; larg., 1 m. 03 cent.

41 — *Auvers-sur-Oise.*
Aquarelle, signée.
Haut., 33 cent.; larg., 41 cent.

42 — *Hammerfest (Norvège) : Départ d'un voilier.*
Signé et daté : *82.*
Haut., 54 cent.; larg., 65 cent.

PASTELS

43 — *Overschie (Hollande).*

Signé et daté : *1904.*

Haut., 75 cent.; larg., 1 m. 05 cent.

44 — *Eglise Saint-Urbain à Troyes.*

Signé et daté : *1905.*

Haut., 68 cent.; larg., 1 m. 03 cent.

45 — *Mazas.*

Signé.

Haut., 51 cent.; larg., 73 cent.

46 — *Rue Caulaincourt.*

Signé et daté : *1901.*

Haut., 41 cent.; larg., 54 cent.

47 — *Auxerre; Effet de neige.*

Signé et daté : *1906.*

Haut., 38 cent.; larg., 60 cent.

48 — *Montreuil-sur-Mer.*

Signé et daté : *1906.*

Haut., 27 cent.; larg., 35 cent.

49 — *Fête Nocturne (Havre).*

Signé et daté : *1908.*

Haut., 38 cent.; larg., 55 cent.

50 — *L'Escaut à Anvers.*

Signé et daté : *1908.*

Haut., 46 cent.; larg., 74 cent.

51 — *Tours.*

Signé et daté : *1885.*

Haut., 26 cent.; larg., 34 cent.

52 — *Maestricht.*

Signé et daté : *1906.*

Haut., 33 cent.; larg., 41 cent.

53 — *Avenue de la République (Paris).*

Signé.

Haut., 39 cent.; larg., 52 cent.

54 — *Marine.*

Signé et daté : *1904.*

Haut., 42 cent.; larg., 54 cent.

55 — *Palais-Royal.*

Signé et daté : *1901.*

Haut., 46 cent.; larg., 55 cent.

56 — *Rue à Troyes.*

Signé et daté : *1905.*

Haut., 27 cent.; larg., 41 cent.

57 — *Marine.*

Signé et daté : *1907.*

Haut., 27 cent.; larg., 41 cent.

58 — *Lucerne (Suisse).*

Signé et daté : *1898.*

Haut., 27 cent.; larg., 41 cent.

59 — *Le Havre.*

Signé et daté : *29 Août 1904.*

Haut., 25 cent.; larg., 40 cent.

60 — *Marine.*

Signé et daté : *1904.*

Haut., 27 cent.; larg., 41 cent.

61 — *Vieux Château à Senlis.*

Signé et daté : *1906.*

Haut., 54 cent.; larg., 81 cent.

62 — *Alger.*

Signé et daté : *1903.*

Haut., 37 cent.; larg., 28 cent.

63 — *Coucher de soleil.*

Signé et daté : *1901.*

Haut., 25 cent.; larg., 33 cent.

64 — *Exposition 1900.*

Signé et daté : *10 Août 1900.*

Haut., 19 cent.; larg., 24 cent.

65 — *Marine.*

Signé et daté : *1903.*

Haut., 24 cent : larg., 33 cent.

66 — *Troyes; Effet de nuit.*

Signé et daté : *1905.*

Haut., 60 cent : larg., 92 cent.

67 — *Katwÿk-sur-mer (Hollande).*

Signé et daté : *1902.*

Haut., 27 cent.; larg., 41 cent.

68 — *Coucher de soleil.*

Signé et daté : *1906.*

Haut., 27 cent.; larg., 41 cent.

69 — *Environs d'Anvers.*
Signé et daté : *1907.*
Haut., 27 cent.; larg., 41 cent.

70 — *Place Clichy (Paris).*
Signé et daté : *1887.*
Haut., 35 cent.; larg., 27 cent.

71 — *Katwijk (Hollande).*
Signé et daté : *1891.*
Haut., 30 cent.; larg., 41 cent.

72 — *Hambourg.*
Signé et daté : *1891.*
Haut., 41 cent.; larg., 27 cent.

73 — *Route de Châtillon.*
Signé et daté : 93.
Haut., 46 cent.; larg., 73 cent.

74 — *Londres; Effet de pluie.*
Signé et daté : *1908.*
Haut., 27 cent.; larg., 41 cent.

75 — *Anvers.*
Signé et daté : *1908.*
Haut., 27 cent.; larg., 41 cent.

76 — *Place du Gouvernement, à Alger.*
Signé et daté : *1903.*
Haut., 32 cent.; larg., 43 cent.

77 — *Auvers-sur-Oise.*
Signé et daté : *1902.*
Haut., 27 cent.; larg., 34 cent.

78 — *Trouville.*

Signé et daté : *1901.*

Haut., 26 cent ; larg., 35 cent.

79 — *Soleil couchant (Havre).*

Signé et daté : *1904.*

Haut., 33 cent.; larg., 41 cent.

80 — *Harfleur.*

Signé et daté : *99.*

Haut., 53 cent. ; larg., 71 cent.

81 — *Alger.*

Signé et daté : *1903.*

Haut., 32 cent ; larg., 43 cent.

82 — *Marine (Havre).*

Signé et daté : *1901.*

Haut., 24 cent.; larg., 33 cent.

83 — *Le Pont Neuf et l'Institut.*

Signé et daté : *1903.*

Haut., 31 cent. ; larg., 42 cent.

84 — *Marine.*

Signé et daté : *1904.*

Haut., 29 cent.; larg , 41 cent,

85 — *Vue de Sainte-Adresse.*

Signé et daté : *1903.*

Haut., 33 cent.; larg., 41 cent.

86 — *Audewater (Hollande).*

Signé et daté : *1903.*

Haut., 25 cent.; larg , 35 cent.

87 — *Alger.*

Signé et daté : *1903.*

Haut., 27 cent. ; larg., 35 cent.

88 — *Sainte-Pallaye (Yonne).*

Signé et daté : *1907.*

Haut., 33 cent., larg., 41 cent.

89 — *Troyes.*

Signé et daté : *1905.*

Haut., 33 cent.; larg., 40 cent.

90 — *Moulin en Hollande.*

Signé et daté : 1903.

Haut., 35 cent.; larg., 27 cent.

91 — *Senlis.*

Signé et daté : *1910.*

Haut., 33 cent.; larg., 41 cent.

92 — *Etude de chats.*

Signé et daté : *1895.*

Haut., 30 cent.; larg., 40 cent.

93 — *Marine.*

Signé et daté : *1906.*

Haut., 25 cent.; larg., 25 cent.

94 — *Pont-sur-Yonne.*

Signé et daté : *1907.*

Haut., 26 cent.; larg., 34 cent.

95 — *Notre-Dame ; Effet de brouillard.*

Signé et daté :*1907.*

Haut., 29 cent.; larg., 38 cent.

96 — *Le Havre.*
Signé et daté : *1900.*
Haut., 27 cent.; larg., 35 cent.

97 — *Étude du marché aux fleurs à Bruxelles.*
Signé et daté : *1900.*
Haut., 24 cent.; larg., 33 cent.

98 — *Le Havre.*
Signé et daté : *1901.*
Haut., 25 cent.; larg., 35 cent.

99 — *Étude à La Haye (Hollande).*
Signé et daté : *1903.*
Haut., 27 cent.; larg., 35 cent.

100 — *Usine à Saint-Denis.*
Signé et daté : *1907.*
Haut., 54 cent.; larg., 81 cent.

101 — *Bouvignes (Belgique).*
Signé et daté : *1906.*
Haut., 33 cent.; larg., 41 cent.

102 — *Malines (Belgique).*
Signé et daté : *1908.*
Haut., 33 cent.; larg., 41 cent.

103 — *Marine.*
Signé et daté : *1892.*
Haut., 26 cent.; larg., 35 cent.

104 — *Pont-sur-Yonne.*
Signé et daté : *1907.*
Haut. 32 cent.; larg. 40 cent.

105 — *Maestricht.*

Signé et daté : *1906.*

Haut., 33 cent.; larg., 41 cent.

106 — *Bouvignes (Belgique).*

Signé et daté : *1906.*

Haut., 33 cent.; larg., 41 cent.

107 — *Domont (Oise).*

Signé et daté : *1906.*

Haut., 33 cent.; larg., 41 cent.

108 — *Environs de Dinant (Belgique).*

Signé et daté : *1906.*

Haut., 32 cent.; larg., 40 cent.

109 — *Usine à Saint-Denis.*

Signé et daté : *1907.*

Haut., 54 cent.; larg., 81 cent.

110 — *Rouen.*

Signé et daté : *1901.*

Haut., 27 cent.; larg., 35 cent.

111 — *Troyes ; Effet de soleil.*

Signé et daté : *1905.*

Haut., 33 cent.; larg., 41 cent.

112 — *Villeneuve-sur-Yonne.*

Signé et daté : *1905.*

Haut., 33 cent.; larg., 41 cent.

113 — *Maestricht.*

Signé et daté : *1906.*

Haut., 33 cent.; larg., 41 cent.

114 — *Église à Reims.*
Signé et daté : *98.*
Haut., 27 cent.; larg., 35 cent.

115 — *Pont-sur-Yonne.*
Signé et daté : *18 juillet 1907.*
Haut., 27 cent.; larg., 35 cent.

116 — *Environs de Malines (Belgique).*
Signé et daté : *1908.*
Haut., 33 cent.; larg., 41 cent.

117 — *Anvers; Crépuscule.*
Signé et daté : *1908.*
Haut., 27 cent.; larg., 35 cent.

118 — *Canal Saint-Martin.*
Signé.
Haut., 33 cent.; larg., 41 cent.

119 — *Notre-Dame; Étude de neige.*
Signé et daté : *1901.*
Haut., 27 cent.; larg., 35 cent.

120 — *Rue de Village.*
Signé.
Haut., 27 cent.; larg., 35 cent.

121 — *Notre-Dame.*
Signé et daté : *1904.*
Haut., 27 cent.; larg., 35 cent.

122 — *Montreuil-sur-Mer.*
Signé et daté : *1906.*
Haut., 40 cent.; larg., 80 cent.

123 — *Le Havre; les jetées.*
Signé et daté : *1908.*
Haut., 27 cent.; larg., 35 cent.

124 — *Vue de Paris.*
Signé et daté : *1907.*
Haut., 75 cent.; larg., 1 m. 08 cent.

125 — *Boulevard de Charonne.*
Signé et daté : *87.*
Haut., 27 cent.; larg., 35 cent.

126 — *Boulevard Richard-Lenoir.*
Signé et daté : *1908.*
Haut., 27 cent.; larg., 35 cent.

127 — *Heerde (Belgique).*
Signé et daté : *1908.*
Haut., 27 cent.; larg., 41 cent.

128 — *Vue de Paris; Étude.*
Signé et daté : *1900.*
Haut., 24 cent.; larg., 35 cent.

129 — *Malines; Coucher de soleil.*
Signé et daté : *1908.*
Haut., 27 cent.; larg., 35 cent.

130 — *Étude de brouillard.*
Signé et daté : *1907.*
Haut., 27 cent.; larg., 35 cent.

131 — *Bouvignes (Belgique.*
Signé et daté : *1906.*
Haut., 38 cent.; larg., 55 cent.

132 — *Inondation (Paris).*

Signé.

Haut., 27 cent.; larg., 35 cent.

133 — *Marine.*

Signé et daté : *1908*.

Haut., 27 cent.; larg., 35 cent.

134 — *Falaise à Fécamp.*

Signé et daté : *1901*.

Haut., 26 cent.; larg., 35 cent.

135 — *Harfleur.*

Signé et daté : *1903*.

Haut., 37 cent.; larg., 52 cent.

136 — *Coucher de soleil.*

Signé et daté : *1904*.

Haut., 27 cent.; larg., 34 cent.

137 — *Honfleur.*

Signé et daté : *1er Septembre 1904*.

Haut., 27 cent.; larg., 35 cent.

138 — *Pont Neuf.*

Signé et daté : *1905*.

Haut., 31 cent.; larg., 42 cent.

139 — *Alger.*

Signé et daté : *1903*.

Haut., 35 cent ; larg., 27 cent

140 — *Le Havre; Crépuscule.*

Signé et daté : *1908*.

Haut , 27 cent.; larg., 41 cent.

141 — *Montreuil sur-mer.*
Signé et daté : *1906.*
Haut., 46 cent.; larg., 55 cent.

142 — *Étude de boulevard.*
Signé et daté : *1907.*
Haut., 27 cent.; larg., 35 cent.

143 — *Embouchure du Rhin.*
Signé et daté : *1903.*
Haut., 27 cent. ; larg., 35 cent.

144 — *Alger.*
Signé et daté : *1903.*
Haut., 27 cent : larg., 35 cent.

145 — *Place Saint-Denis, à Troyes.*
Signé et daté : *1905.*
Haut., 38 cent.; larg , 55 cent

146 — *Chaumière, à Auvers sur-Oise.*
Signé et daté : *1906.*
Haut , 38 cent.; larg., 55 cent.

147 — *Veere (Hollande).*
Signé et daté : *1897.*
Haut., 27 cent. : larg., 35 cent.

148 — *Grand Quai (Havre).*
Signé et daté : *1903.*
Haut., 26 cent. : larg., 33 cent.

149 — *Alger, la Mosquée : effet de nuit.*
Signé et daté : *1903.*
Haut., 50 cent.; larg., 61 cent.

150 — *Vue, à Troyes.*
Signé et daté : *1905.*
Haut., 38 cent.; larg., 55 cent.

151 — *Malines (Belgique).*
Signé et daté : *1908.*
Haut., 27 cent.; larg., 41 cent.

152 — *Marine.*
Signé et daté : *1901.*
Haut., 25 cent.; larg., 34 cent.

153 — *Fécamp.*
Signé et daté : *1901.*
Haut., 25 cent.; larg., 35 cent.

154 — *Auvers-sur-Oise; Neige.*
Signé et daté : *1905.*
Haut., 33 cent.; larg., 41 cent.

155 — *Londres.*
Signé.
Haut., 33 cent.; larg., 41 cent.

156 — *La Meuse, à Rotterdam.*
Signé et daté: *94.*
Haut., 27 cent.; larg., 41 cent,

157 — *Londres, château de Windsor.*
Signé.
Haut., 28 cent.; larg., 38 cent.

158 — *Intérieur d'atelier.*
Signé et daté : *1885.*
Haut., 54 cent.; larg., 1 m. 15 cent.

159 — *Marine.*

Signé et daté : *1904.*

Haut., 24 cent.; larg., 29 cent

160 — *Vue de Caen.*

Signé et daté : *1903.*

Haut., 23 cent.; larg., 46 cent.

161 — *Overschie (Hollande).*

Signé et daté : *1903.*

Haut., 27 cent.; larg., 35 cent.

162 — *Canal en Hollande.*

Signé et daté : *1901.*

Haut., 25 cent.; larg., 32 cent

163 — *Soleil couchant.*

Signé et daté : *97.*

Haut., 25 cent.; larg., 41 cent.

164 — *Intérieur d'Eglise, Reims.*

Signé.

Haut., 32 cent.; larg., 39 cent.

165 — *Marine.*

Signé et daté : *1904.*

Haut., 27 cent.; larg., 45 cent.

166 — *Route à Montreuil-sur-Mer.*

Signé et daté : *1906.*

Haut., 33 cent.; larg., 41 cent.

167 — *Marine.*

Signé et daté : *1908.*

Haut., 27 cent.; larg., 35 cent.

168 — *Fécamp.*

Signé et daté : *1902.*

Haut., 32 cent.; larg., 43 cent.

169 — *Marine.*

Signé et daté : *15 juillet 1902.*

Haut., 27 cent.; larg., 34 cent.

170 — *Eglise en Bretagne.*

Signé et daté : *1887.*

Haut., 30 cent.; larg., 36 cent.

171 — *Notre-Dame; Neige.*

Signé et daté : *1901.*

Haut., 30 cent.; larg., 39 cent.

172 — *Effet de Neige.*

Signé et daté : *1907.*

Haut., 27 cent.; larg., 35 cent.

173 — *Senlis ; Etude.*

Signé et daté : *1906.*

Haut., 38 cent.; larg., 46 cent.

174 — *Marine.*

Signé et daté : *1901.*

Haut., 25 cent.; larg., 34 cent.

175 — *Coucher de Soleil.*

Signé et daté : *1908.*

Haut., 27 cent.; larg., 35 cent.

176 — *La Seine à Paris.*

Signé et daté : *1902.*

Haut., 27 cent.; larg., 41 cent.

177 — *Marine.*

Signé et daté : *1904*.

Haut., 25 cent.; larg., 35 cent.

178 — *Vue de Paris.*

Signé et daté : *1900*.

Haut., 27 cent.; larg., 45 cent.

179 — *Le Havre.*

Signé et daté : *1906*.

Haut , 31 cent.; larg., 41 cent.

180 — *Enghien.*

Signé et daté : *1904*.

Haut., 27 cent.; larg., 35 cent.

181 — *Le Havre ; Effet de nuit.*

Signé et daté : *1908*.

Haut., 33 cent.; larg., 41 cent.

182 — *Chat.*

Signé et daté : *1902*.

Haut., 38 cent.; larg., 46 cent.

183 — *Chat.*

Signé et daté : *1902*.

Haut., 38 cent.; larg.. 46 cent.

184 — *Alger.*

Signé et daté : *1903*.

Haut., 32 cent.; larg.. 43 cent.

184 *bis*. — *Mouy.*

Signé et daté : *1906*.

Haut., 27 cent.; larg.. 41 cent.

AQUARELLES, GOUACHES

FUSAINS ET DESSINS

185 — *Zierikzée (Hollande).*

Aquarelle. Signée et datée : *97*.

Haut., 33 cent. ; larg., 41 cent.

186 — *Entrée de cabaret (Havre).*

Gouache. Signé daté : *87*.

Haut., 35 cent.; larg., 27 cent.

187 — *Environs de Malines (Belgique).*

Aquarelle. Signée et datée : *1908*.

Haut., 54 cent.; larg., 81 cent.

188 — *Marine (étude).*

Aquarelle. Signée et datée : *1908*.

Haut., 26 cent.; larg., 41 cent.

189 — *Vue de Dordrecht (Hollande).*

Dessin. Signé et daté : *1905*.

Haut., 32 cent.; larg., 37 cent.

190 — *Marine.*

Aquarelle. Signée et datée : *97*.

Haut., 13 cent.; larg., 28 cent.

191 — *Canal en Hollande.*

Dessin. Signé et daté : *1904*,

Haut., 48 cent.; larg., 55 cent.

192 — *Effet du soir.*
Gouache. Signée.
Haut., 22 cent.; larg., 30 cent.

193 — *Sainte-Adresse.*
Gouache. Signée.
Haut., 15 cent.; larg., 40 cent.

194 — *Concert à Bruxelles.*
Fusain. Signé et daté : *1880*.
Haut., 34 cent.; larg., 54 cent.

195 — *Marine.*
Aquarelle. Signée et datée : *1908*.
Haut., 26 cent.; larg., 41 cent.

196 — *Bruxelles.*
Aquarelle. Signée.
Haut., 15 cent.; larg., 23 cent.

197 — *Route de la Révolte.*
Fusain. Signé et daté : *87*.
Haut., 22 cent.; larg., 39 cent.

198 — *Rouen (étude).*
Gouache. Signée et daté : *94*.
Haut., 33 cent.; larg., 46 cent.

199 — *Moulin en Hollande.*
Aquarelle. Signée et datée : *93*.
Haut., 23 cent.; larg., 33 cent.

199 *bis* — Environ quarante études et esquisses. (Ce lot sera divisé.)

TABLEAUX, AQUARELLES

PAR DIVERS

ADLER

200 — *Midinette.*

Dessin rehaussé. Signé.

Haut., 34 cent.; larg., 27 cent.

201 — *Environs de Boulogne-sur-Mer.*

Gouache.

Haut., 27 cent.; larg., 38 cent.

202 — *Marchande de Fleurs.*

Dessin. Signé et daté : *1905*.

Haut., 36 cent.; larg., 25 cent.

203 — *Terrassier.*

Encre de Chine. Signé.

Haut., 34 cent.; larg., 28 cent.

204 — Étude.

Dessin. Signé.

Haut., 24 cent.; larg., 19 cent.

BONNINGTON

205 — Étude.

BOUCHET-DEDIEU

206 — *Fleurs.*

Peinture. Signée.

Haut., 29 cent.; larg., 40 cent.

DELACROIX (Genre de)

207 — Étude.
Peinture.

DIAZ

208 — *Le Radeau de la Méduse.*
Aquarelle.

LOUIS DEMOGÉ

209 — Aquarelle.
Signée.
Haut., 22 cent.; larg., 30 cent.

GIRAN-MAX

210 — *Effet de brume.*
Peinture. Signée.
Haut., 45 cent.; larg., 54 cent.

HENRY DE GROUX

211 — Pastel.
Signé.
Haut., 50 cent.; larg., 60 cent.

JONGKIND

212 — *Environs de la côte Saint-André.*
Aquarelle.

MAUFRA

213 — *Le Port de Sauzon.*
Aquarelle. Signée et datée : *1905.*
Haut., 21 cent.; larg., 27 cent.

F. POLAK

214 — Peinture.
Signée.
Haut., 33 cent.; larg., 25 cent.

SORKAU

215 — *Gondreville.*
Peinture. Signée.
Haut., 27 cent.; larg., 35 cent.

216 — *Intérieur.*
Peinture. Signée.
Haut., 35 cent.; larg., 27 cent.

217 — Dessin.
Signé
Haut., 33 cent.; larg., 20 cent.

SYNAVE

218 — Dessin rehaussé.
Signé.
Haut., 32 cent.; larg., 23 cent.

219 — Dessin rehaussé.
Signé.
Haut., 29 cent.; larg., 23 cent.

220 — Dessin rehaussé.
Signé.
Haut., 27 cent.; larg., 25 cent.

SCHUFFENEKER

221 — Dessin rehaussé.

Signé.

Haut., 25 cent.; larg., 22 cent.

222 — Dessin rehaussé.

Signé.

Haut., 25 cent.; larg., 24 cent.

VAN DONGEN

223 — *Paysage.*

Peinture. Signée.

Haut., 25 cent.; larg., 33 cent.

224 — Dessin.

Signé.

Haut., 27 cent.; larg., 23 cent.

225 — Dessin.

Signé.

Haut., cent.; larg., cent.

MAZZOLA FRANCESCO dit IL PARMIGIANINO
(1503-1540)

226 à 231 — Dessins à la plume.

232 — Dessin rehaussé.

Signé : *B. L.*

Haut., 21 cent.; larg., 19 cent.

WARTON EDWARDS

233 — *Liseuse.*

Peinture.

Haut., 46 cent.; larg., 36 cent.

WARTON EDWARDS

234 — Étude.

Aquarelle.

Haut., 16 cent ; larg., 21 cent

235 — Deux peintures sur carton : *Prairie et Écurie*.

Signées : *Van Mers*.

BOUDIN

236 — *Marine*.

Étude. Signée.

Haut., 12 cent ; larg., 16 cent.

OBJETS DIVERS

237 — Chevalets.

238 — Chaufferette en bois sculpté, avec anses en cuivre.

239 — Petit carrosse ancien avec ornements peints.

240 — Grande pagode chinoise en bois laqué noir et rouge avec ornements laqué d'or.

241 — Coffre ancien, à deux portes et un tiroir, orné de peintures.

242 — Groupe sculpté dans une racine d'arbre. Travail japonais.

243 — Horloge ancienne en bois sculpté, ornée de peintures.

244 — Deux grands vases en porcelaine, décor bleu sur fond blanc.

245 — Divinité en bois sculpté, avec dorures.

246 — Coffre en palissandre avec marqueterie de bois.

247 — Petite divinité en bois peint et doré.

248 — Paon empaillé.

249 — Grande tortue naturalisée.

250 — Bible hollandaise, avec figures sur bois, datée : *1687*, reliure en cuir, coins et fermoirs en cuivre.

251 — Bois sculpté : Chinois, scène de justice à sept personnages.

252 — Glace (cadre ancien en bois sculpté et doré).

253 — Caïman naturalisé.

254 — Frégate, style Louis XV.

255 — Violon ancien.

256 — Armes, livres, objets divers.

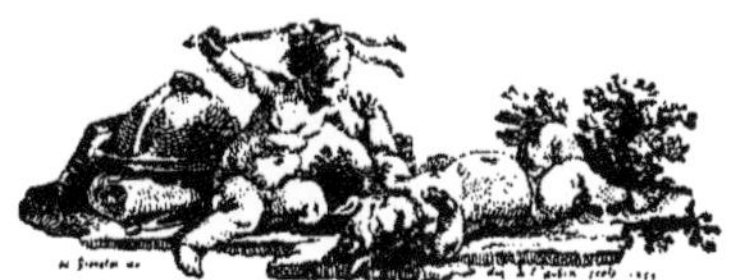

www.ingramcontent.com/pod-product-compliance
Ingram Content Group UK Ltd.
Pitfield, Milton Keynes, MK11 3LW, UK
UKHW020507180726
13839UKWH00004B/1951